BARMHERZIGKEIT

Die Gabe vor und nach dem Glauben

von
Dr. Doyle Harrison
und
Dr. Michael Landsman

Titel der Originalausgabe:

Mercy – The Gift Before And Beyond Faith

Alle Rechte der deutschen Originalausgabe bei

AGAPE WORT ZENTRUM e.V.

Postfach 1163 · D-8874 Leipheim
ISBN 3-925982-07-8

D1721445

Bestellungen sind an obenstehende Adresse zu richten

Die Schriftstellen sind in der Regel der Eberfelder
Übersetzung entnommen.

1. Auflage, Juni 1987
Copyright © 1984 Faith Christian Fellowship
P. O. Box 35443
Tulsa, Oklahoma 74153, USA

Gesamtherstellung: Ebner Ulm

Inhalt

Einleitung

Das ganze Leben hindurch gibt es besondere Gelegenheiten, bei denen Geschenke ausgetauscht werden. Geburtstage, Weihnachten, Jahrestage – das alles sind Anlässe zum Überreichen von Geschenken als Ausdruck der Liebe zwischen Verwandten und Freunden.

Das außergewöhnlichste Geschenk, das jemals gemacht wurde, war der HERR Jesus Christus. Der allmächtige Gott gab Seinen eingeborenen Sohn, der für die Sünden der Menschheit sterben sollte.

Neben dem Geschenk Jesus hat Vater Gott eine Fülle von Gaben und Segnungen für Sein Volk bereitet: Erlösung, die Erfüllung mit dem Heiligen Geist, Heilung, die Geistesgaben und vieles mehr.

Wie kostbar wird unser Glaube, wenn wir an diese Dinge denken – nicht nur an die übernatürliche Gabe des Glaubens, um Wunder zu erhalten, sondern der Glaube an sich. Gott hat für uns, Seine Kinder, Glauben bereitet, um die Welt zu überwinden – Glauben, um der Niederlage die Stirn zu bieten und durch die Kraft des Namens Jesu den Sieg auszurufen.

Die Gaben, die Gott uns gegeben hat, sind kostbare Schätze in unserem Leben.

Hebräer 4,16 verbindet vier geistliche Elemente: Glaube, Gnade, Barmherzigkeit und Freimütigkeit. Es heißt:

Laßt uns nun mit Freimütigkeit hinzutreten zum Thron der Gnade, damit wir Barmherzigkeit empfangen und Gnade finden zur rechtzeitigen Hilfe.

Obwohl das Wort ›Glaube‹ in diesem Vers nicht enthalten ist, ist es das Thema von Hebräer 3 und 4. Dieser ganze Abschnitt zeigt uns, als Einleitung zu Vers 16, wie Glaube uns die Freimütigkeit und das Vertrauen gibt, vor den Thron Gottes zu treten.

Aufgrund unserer Stellung in Christus können wir vor dem Gnadenthron Gottes stehen, gekleidet in die Gerechtigkeit Gottes... **Jesus Christus, unserem HERRN. In Ihm haben wir Freimütigkeit und Zugang in Zuversicht durch den Glauben an Ihn.** (Epheser, 3,11 und 12)

Gnade ist die unverdiente Gunst Gottes.

Jemand hat sie so definiert: Gnade ist Gottes Bereitschaft, Seine Kraft zu unseren Gunsten zu verwenden, obwohl wir es nicht verdient haben.

In den vergangenen Jahren ist eine Unmenge an Material über Glaube, über die Gnade Gottes und über Freimütigkeit erschienen. Aber nur sehr wenig ist bezüglich der Barmherzigkeit Gottes herausgegeben worden.

Die Barmherzigkeit Gottes ist ein hochinteressantes Thema. Es ist, so glauben wir, eines der am wenigsten verstandenen Teilstücke des Charakters Gottes.

Viele Dinge haben sich in unserem Leben eindeutig aufgrund der Gnade und der Barmherzigkeit Gottes manifestiert und nicht aufgrund unseres Glaubens.

Barmherzigkeit ist eine Eigenschaft von Gottes Natur, die oft abgelehnt und beinahe verspottet wurde.

6

Viele haben sie als eine Art Allerheilmittel angesehen, ohne ihre wahre Tiefe zu verstehen. Trotz der Unsicherheit, ob Gott etwas für sie tun würde, haben Menschen an dem Glauben festgehalten, daß sie vielleicht Resultate erzielen werden, wenn sie Ihn um Hilfe anrufen.

Gottes Barmherzigkeit ist eine mächtige Kraft, die von allen Gläubigen benützt werden kann.

Wie in Hebräer 4,16 geschrieben steht, sollen wir mit Freimütigkeit hinzutreten zum Thron der Gnade, damit wir Barmherzigkeit empfangen und Gnade finden zur rechtzeitigen Hilfe.

Wenn Barmherzigkeit nicht wichtig wäre, würde uns nicht gesagt werden, daß wir sie zur rechtzeitigen Hilfe empfangen sollten.

Barmherzigkeit ist nicht das Gegenteil von Glaube, sondern vielmehr ein Ausdruck der Liebe Gottes, die uns auffordert, unseren Glauben zu benützen, um für andere Ergebnisse zu erzielen.

Barmherzigkeit ist die Gabe, die vor dem Glauben kommt und über den Glauben hinausgeht.

1

Barmherzigkeit definiert

Die Barmherzigkeit Gottes kann man am besten verstehen, wenn man dem Wort Gottes erlaubt, sie durch Beispiele und Vorbilder zu definieren. Aber betrachten wir zunächst die Grundbedeutungen:

Websters »Unabridged Dictionary« definiert Barmherzigkeit als ›Güte, die über das hinausgeht, was gerechterweise erwartet oder verlangt werden kann; vergebungsbereites Wesen; Nachsicht und Mitgefühl‹.

Das griechische Wort für Barmherzigkeit ist ›**eleos**‹.

W. E. Vine's »Expository Dictionary« (»Erläuterndes Lexikon der neutestamentlichen Wörter von W. E. Vine) definiert ›**eleos**‹ als »die sichtbare Manifestation von Mitgefühl; sie nimmt teil an der Not dessen, der sie empfängt, und findet einen angemessenen Weg, um der Not durch denjenigen zu begegnen, der sie zeigt«.

Wir finden Barmherzigkeit oftmals in Verbindung mit Gnade.

Vine fährt fort: »Barmherzigkeit ist die Handlung Gottes; die darauffolgende Erfahrung im Herzen des Menschen ist Friede. Gnade beschreibt Gottes Haltung gegenüber dem Gesetzesübertreter und Rebellen; Barmherzigkeit ist Seine Haltung gegenüber denjenigen, die in Not sind.«

Im allgemeinen Wortgebrauch würde man sagen, »Mitgefühl mit der Not eines anderes zu haben«.

Dieses Mitgefühl manifestiert sich in Handlungen, die dieser Not aushelfen.

Gottes Barmherzigkeit ist ein vielseitiger Teil Seiner Natur und Seines Willens für die Menschheit, mit einem einzigen Ziel: denjenigen zu helfen, die in Not sind.

Eine einfache Definition für Barmherzigkeit wäre »eine sichtbare Manifestation von mitfühlender Fürsorge für die Leiden, für die Not, für das Unglück eines anderen«.

Obwohl sie die Manifestation von Mitgefühl ist, sollte Barmherzigkeit niemals mit Mitleid verwechelt werden.

Wie wir gesehen haben, hat Barmherzigkeit viele Bedeutungen.

Aber es gibt noch einen tieferen Gehalt, den wir uns bewußt machen sollten. In seinem »Devotional Word Studies« bringt Dick Mills folgende Punkte heraus, indem er andere Schriftsteller zitiert:

Barmherzigkeit ist »Mitgefühl mit denen zu haben, die in Schwierigkeiten sind, selbst dann, wenn die Schwierigkeiten aus ihren eigenen Fehlern entstanden sind«. (Leslie Mittion)

»Deshalb bedeutet ›eleos‹ im christlichen Sinn, Barmherzigkeit mit demjenigen zu haben, der in Schwierigkeiten ist, selbst dann, wenn es seine eigene Schuld ist.« (William Barkley)

»Die wahre Weisheit, die Weisheit, die von Gott gegeben ist, betrachtet die Menschen im Licht Gottes. Sie erträgt ihre Sünden, fühlt mit ihren Sorgen, ist eifrig bemüht, Not zu lindern, und sie zu den Gewohnheiten eines tugendhaften, ehrlichen, christlichen Lebens hinzuführen.« (R. W. Dale)

Hinzuzufügen wäre nach Warren Wiersbes Erklärung über den Unterschied zwischen Barmherzigkeit und Gnade:

»Gottes Gnade gibt uns das, was wir nicht verdient haben, während Gottes Barmherzigkeit uns vor dem verschont, was wir verdient hätten.«

Dies ist zu erkennen, wenn wir zwei Schriftstellen miteinander vergleichen:

»Denn aus Gnade seid ihr errettet durch Glauben, und das nicht aus euch, Gottes Gabe ist es; nicht aus Werken, damit niemand sich rühme.« (Epheser, 2,8–9)

»Als aber erschien die Freundlichkeit und Menschenliebe Gottes, unseres Heilandes, machte Er uns selig – nicht um der Werke der Gerechtigkeit willen, die wir getan hatten, sondern nach Seiner Barmherzigkeit – durch das Bad der Wiedergeburt und Erneuerung des Heiligen Geistes, den Er über uns reichlich ausgegossen hat durch Jesus Christus, unseren Heiland, damit wir, durch dessen Gnade gerecht geworden, Erben des ewigen Lebens würden nach unserer Hoffnung.« (Titus, 3,4–7)

Aus Gnade und Barmherzigkeit sind wir errettet worden und haben das Recht, das zu empfangen, was wir nicht verdient haben. Wir hatten Tod und Trennung von Gott verdient, aber Seine Barmherzigkeit ist dazwischengetreten.

Die Barmherzigkeit verschonte uns zunächt vor dem, was wir verdient hatten, die Gnade gab uns dann, was wir uns nicht verdient hatten.

Barmherzigkeit und Gnade sind zwei zusammenwirkende Kräfte. In jedem Gebiet unserer Beziehung und Gemeinschaft mit Gott wirken sie zusammen zu unserem Nutzen.

2

Gottes Barmherzigkeit – Altes und Neues Testament

Das ganze Alte und Neue Testament hindurch war es Gottes innigster Wunsch, mit den Menschen nach Seiner Barmherzigkeit zu verfahren.

Im Alten Testament sehen wir dies am Muster der Stiftshütte.

»...wie Mose eine göttliche Weisung empfing, als er im Begriff war, das Zelt aufzurichten; denn ›siehe‹, spricht er, ›daß du alles nach dem Muster machst, das dir auf dem Berge gezeigt worden ist!‹« (Hebräer 8,5)

Die Stiftshütte, die Mose aufrichtete, war ein Duplikat dessen, was Gott ihm gezeigt hatte. Es war ein Abbild der wahren Stiftshütte in den himmlischen Regionen und ein Schatten der Dinge, die kommen sollten. Mose führte die Anweisungen Gottes treu aus. (Vgl. 2. Mose 25–27)

Gemäß der Vorschrift mußten verschiedene Elemente gebildet werden. Die Bundeslade wurde aus Holz gemacht und mit Gold überzogen. In die Bundeslade wurden die Steintafeln (Die Zehn Gebote), ein goldener Krug mit Manna und der Stab Aarons, der gesproßt hatte, gelegt.

In der Siftshütte war der Tisch für die Schaubrote und andere Geräte. Die beiden Elemente, die den allerhöchsten Wert hatten, waren die Leuchter und der Gnadenthron. Ihr eigentlicher Wert kann als

Maßstab für ihre geistliche Bedeutung verwendet werden.

Der siebenarmige Leuchter ist stellvertretend für den Heiligen Geist oder die Fülle des Geistes. Wir lesen davon in Offenbarung, Kapitel 1. Die dort erwähnten sieben Geister Gottes sind nicht sieben verschiedene Geister, sondern sieben verschiedenartige Manifestationen des Geistes Gottes. Wie mit dem Leuchter – ein Gegenstand mit sieben Kelchen für das Licht, welche das Öl aus dem Schaft bezogen – so ist es mit dem Geist Gottes. Er ist ein Geist mit veschiedenen Offenbarungen.

Der aus getriebenem Feingold gefertigte Leuchter hatte in der Stiftshütte einen Ehrenplatz. Aber es war der Gnadenthron, der selbst vor dem Leuchter Vorrang hatte. Er stand über allen anderen Geräten in der Stiftshütte.

In der Gegenwart Gottes war der Gnadenthron das ewigwährende Zeugnis für die Sühnung der Sünden des Volkes und für Seine Entscheidung, mit den Menschen nach Seiner Barmherzigkeit zu verfahren. Wenn das Blut eines Tieres auf den Gnadenthron gesprengt wurde, sah Gott dieses Blut und richtete dann mittels seiner Barmherzigkeit. Der Gnadenthron, der ebenfalls aus reinem Gold gemacht war, war der Größe der Bundeslade entsprechend gebaut und diente als ihre Deckplatte. Der Gnadenthron war so gestaltet, daß sich an beiden Enden je ein Cherubim mit ausgebreiteten Flügeln befand, um ihn zu bedecken.

In seinem Buch »Gleanings in Exodus« stellt Arthur

W. Pink fest: »Der Gnadenthron war, bezüglich seines Wertes, das wertvollste aller heiligen Gefäße.«

Auch beim Studieren einiger neutestamentlicher Schriftstellen können wir den Wert des Gnadenthrones erkennen. Zum Beispiel lesen wir in Römer 3,25 von Jesus Christus:

»Ihn hat Gott dargestellt zu einem Gnadenstuhl durch den Glauben an Sein Blut zum Erweis Seiner Gerechtigkeit wegen des Hingehenlassens der vorher geschehenen Sünden unter der Nachsicht Gottes . . .«

Das griechische Wort, das in diesem Vers mit *Sühneort* übersetzt wird, ist dasselbe Wort, das in Hebräer 9,5 mit *Gnadenthron* übersetzt wird. Arthur Pink stellt fest: »Es wäre besser . . ., wenn wir ›kapporeth‹ (das hebräische Wort) mit *Sühneort* wiedergeben anstatt mit *Gnadenthron* . . .«

So wird Jesus unser Sühneort – der Ort, an dem das ewig gültige Opfer als Zeugnis vor Gott stand. Jesus ist der ewiglebende Zeuge unserer Rechtfertigung und des Abwendens von Gottes Zorn gegen uns.

Der Gnadenthron bedeutet den Menschen eine ständige Erinnerung an ihre, von Gott vorgesehene Rechtfertigung, und erinnert Gott an seine Barmherzigkeit und Vergebung gegenüber Seinem Volk. Im Grunde genommen war der Gnadenthron Gottes hier auf Erden. Ein Thron ist der Ort, auf dem der König sitzt, um seine Autorität auszuüben und zu dem das Volk kommt, um ihm zu begegnen. Es war vor dem Thron, wo die Gegenwart des Königs gleichzeitig gesehen und gespürt wurde.

Ein sorgfältiges Studium der Schrift wird offenbaren, daß es schon immer Gottes Plan und Absicht war, Seinem Volk nicht mit Gericht, sondern mit Barmherzigkeit zu begegnen. Die Barmherzigkeit Gottes überschattete das Mosaische Gesetz mit seinen strengen Anweisungen und Verboten und setzte sich darüber hinweg. Dieses deckte den Mangel im Menschen auf, aber Gottes Barmherzigkeit reichte über das Gesetz hinaus. Ein Gesetz dient nur dazu, die Übertretungen derer aufzudecken, die es brechen. Barmherzigkeit kümmert sich nicht nur um das Vergehen, sondern entschuldigt auch den Übertreter.

Manche Menschen hielten die Bundeslade für den wichtigsten Gegenstand in Israel, weil sie die Zehn Gebote enthielt. Aber Gott offenbarte sich dem Volk nicht durch die Bundeslade. Er offenbarte sich durch den Gnadenthron (Sühneplatte).

»Lege die Sühneplatte oben auf die Lade! In die Lade aber sollst du das Zeugnis legen, das ich dir geben werde. Und dort werde ich mich dir zu erkennen geben von der Sühneplatte herab, zwischen den beiden Cherubim hervor, die auf der Lade des Zeugnisses sind, alles zu dir reden, was ich dir für die Söhne Israel auftragen werde.«   2. Mose 25,21–22

»Und wenn Mose in das Zelt der Begegnung hineinging, um mit Ihm zu reden, dann hörte er die Stimme zu ihm reden von der Sühneplatte herab, die auf der Lade des Zeugnisses war, zwischen den beiden Cherubim hervor; und er redete zu ihm.«   4. Mose 7,89

»Und der HERR sprach zu Mose ... Denn ich erscheine in der Wolke über der Sühneplatte.«

3. Mose 16,2

Diese und andere Schriftstellen zeigen, daß Gott in der Barmherzigkeit wohnt. (Betrachte auch 1. Samuel 4,4; 2. Samuel 6,2; 2. Könige 19,15; Psalm 80,2; 99,1)

Der HERR sagte zu Mose (und zu uns): »Wenn ich mit dir Gemeinschaft habe, werde ich es vom Gnadenthron aus tun.« Jesus ist natürlich unser Gnadenthron, denn das Muster des Gnadenthrons im Alten Testament war eine Vorausschau auf den Dienst Jesu an der Gemeinde.

Das Blut der Versöhnung

Die Opfergesetze des Alten Testaments für den Versöhnungstag waren einzigartig und sind manchmal mißverstanden worden. Sie sind im 3. Buch Mose 16,3–22 dargestellt.

Für die Versöhnungszeremonie wurden zwei Ziegenböcke verwendet. Ein Ziegenbock, ein reines Jungtier, wurde getötet und sein Blut wurde auf den Gnadenthron gesprengt. Dieses sündenfreie Blut wurde verwendet, um die Sünden des Volkes zu sühnen. Auf den zweiten Ziegenbock wurden die gesamten Sünden des Volkes gelegt. Dieser Ziegenbock wurde aus dem Lager hinausgeführt in die Wildnis und losgelassen um somit die Sünden vom Volk wegzunehmen.

Nur der Hohepriester durfte das Heiligtum betreten, und das nur einmal im Jahr. Er brachte das Blut des Jungtieres in das Heiligtum zur Sühnung der Sünden des Volkes, einschließlich seiner eigenen.

Die Kleidung des Hohepriesters wird im 2. Mose 39 beschrieben. Besonders interessant ist es, daß am Saum seines Gewandes abwechselnd Granatäpfel und Goldglöckchen angebracht waren. Durch ihr Klingen wußten die Menschen draußen, daß der Hohepriester noch am Leben war, wenn er seiner alljährlichen Pflicht hinter dem Vorhang nachging.

»Am unteren Saum des Oberkleides aber brachten sie Granatäpfel aus violettem und rotem Purpur und Karmesinstoff an, gezwirnt. Dann machten sie Glöckchen aus reinem Gold und setzten die Glöckchen zwischen die Granatäpfel ringsum an den Saum des Oberkleides zwischen die Granatäpfel: erst ein Glöckchen, dann ein Granatapfel und wieder ein Glöckchen und einen Granatapfel, ringsum an den Saum des Oberkleids, um darin den Dienst zu verrichten – wie der HERR dem Mose geboten hatte.«

2. Mose 39,24–26

In Hebräer 9,1–5 sehen wir, daß Jesus DERJENIGE ist, der das Blut des unbefleckten Lammes – Sein eigenes Blut – in das Himmlische Heiligtum gebracht hat. Aber wie wir vorher schon festgestellt haben, ist Jesus nicht nur der Hohepriester, er ist auch der Gnadenthron. (Hebräer 9,5; Römer 3,25) Jesus ist Gottes ewiger Zeuge für seine Barmherzigkeit uns gegenüber.

Lebende Zeugen für Gottes Barmherzigkeit

Als der Hohepriester des Alten Testamentes aus dem Heiligtum heraustrat, war er für die Menschen das Zeichen für Gottes Barmherzigkeit ihnen gegenüber. Die Tatsache, daß er noch am Leben war, bedeutete, daß Gott ihr Opfer angenommen hatte. Dann wurde er ihr ewig lebender Zeuge für die Barmherzigkeit Gottes. Jedesmal wenn sie ihn sahen, erinnerten sie sich daran, daß Gott mit ihnen barmherzig war.

Auf dieselbe Weise stehen heute die Gläubigen als lebende Zeugen für Gottes Barmherzigkeit vor der Welt. Wenn die Menschen die Christen betrachten, sehen sie eine lebendige Demonstration von Gottes Barmherzigkeit. Gott hat uns vor dem verschont, was wir verdient hätten und hat uns geschenkt, was wir nicht verdient haben.

»Gott aber sei Dank, der uns allezeit im Triumphzug umherführt in Christus und den Geruch seiner Erkenntnis an jedem Ort durch uns offenbart!

Denn wir sind ein Wohlgeruch Christi für Gott unter denen, die errettet werden, und unter denen, die verlorengehen: den einen ein Geruch vom Tod zum Tode, den anderen aber ein Geruch vom Leben zum Leben. Und wer ist dazu tüchtig?«

2. Korinther 2,14–16

Wir sind der geoffenbarte »Wohlgeruch« seiner Erkenntnis für die Welt. Vor Gott sind wir der liebliche Wohlgeruch Christi. Für die Welt sind wir der Geruch des Todes.

»In Ihm seid ihr auch beschnitten worden mit einer

Beschneidung, die nicht mit Händen geschehen ist, sondern im Ausziehen des fleischlichen Leibes, in der Beschneidung des Christus, mit Ihm begraben in der Taufe, in ihm auch mit auferweckt durch den Glauben an die wirksame Kraft Gottes, der Ihn aus den Toten auferweckt hat. Und als ihr tot wart in den Vergehungen und in der Unbeschnittenheit eures Fleisches, hat Er euch mitlebendig gemacht mit Ihm, indem Er uns alle Vergehungen vergeben hat; als Er die uns entgegenstehende Handschrift in Satzungen, die gegen uns war, ausgetilgt hat, da hat Er sie aus der Mitte weggenommen, indem Er sie ans Kreuz nagelte; als Er die Gewalten und die Mächte völlig entwaffnet hatte, stellte Er sie öffentlich bloß. In Ihm hielt Er über sie einen Triumph.«   Kolosser, 2,11–15

...ich bin mit Christus gekreuzigt, und nicht mehr lebe ich, sondern Christus lebt in mir; was ich aber jetzt im Fleisch lebe, lebe ich im Glauben, und zwar im Glauben an den Sohn Gottes, der mich geliebt und sich selbst für mich hingegeben hat.   Galater 2,20

Für die Welt sind wir Beispiele für Leben und Tod: Tod den Dingen der Welt, Leben den Dingen Gottes. Wir sind dem Herrschaftsbereich der Finsternis entzogen und in das Königreich Gottes versetzt worden.

Gott hat der Welt immer lebende Zeugen Seiner Existenz gegeben. Deshalb ist es nicht seltsam, wenn wir uns selbst als lebende Zeugen von Gottes Barmherzigkeit betrachten. In Apostelgeschichte 1,8 sagte Jesus Seinen Nachfolgern, daß sie Seine Zeugen sein würden, nachdem der Heilige Geist auf sie gekommen sei. An Pfingsten, als sie mit dem Heiligen Geist erfüllt wurden und anfingen in anderen Zungen zu reden, wie der Geist ihnen auszusprechen gab, wurden sie Zeugen der Kraft Gottes. (Apostelgeschichte 2,2–4)

Wir Gläubige sind lebende Zeugen für Gottes Barmherzigkeit, denn die Quelle von allem, was Gott ist und tut, ist Liebe, und Barmherzigkeit ist eines der vorrangigsten Nebenprodukte von Liebe.

Gottes Barmherzigkeit im Gegensatz zu Religion

Die jüdischen Pharisäer konnten nicht verstehen, wie Gott mit Seinem Volk in Barmherzigkeit verfuhr und nicht Gericht übte. Sie wollten gemäß dem Gesetz behandelt werden, so wie es im Gesetz des Mose niedergeschrieben war. Gott hatte ihnen eine vollständige Sammlung von Regeln und Bestimmungen gegeben, denen sie folgen konnten.

Mit der Zeit verfingen sie sich gänzlich im Gesetz. Das Ergebnis davon war, daß sie das Prinzip von Gottes Barmherzigkeit vergaßen, obwohl Gott sie ständig daran erinnerte. Die Stiftshütte selbst enthielt eine Erinnerung: Gott befaßte sich mit ihnen vom *Gnadenthron* herab.

Der Prophet Micha wandte sich sowohl an die religiösen Leiter seiner Tage, als auch an das Volk Israel, als er sagte:

»Man hat dir mitgeteilt, oh Mensch, was gut ist. Und was fordert der HERR von dir, als Recht zu üben und Güte zu lieben und demütig zu gehen mit deinem Gott?« Micha 6,8

Diese Leute waren so in ihre Gesetze verstrickt, daß sie Gerechtigkeit, Barmherzigkeit und ihren Wandel mit dem HERRN vergaßen.

Jesus wies die religiösen Leiter seiner Tage zurecht, weil sie ihre Traditionen über das Wort Gottes stellten. Er sagte, daß ihre Traditionen das Wort Gottes wirkungslos machten und daß ihre Anbetung vergeblich sei, da sie wegen der Tradition dem Wort den Rücken kehrten. (Markus 7,6–13)

Im Matthäus-Evangelium verkündigte Jesus:

»Geht aber hin und lernt, was das ist: ›Ich will Barmherzigkeit und nicht Schlachtopfer.‹ Denn ich bin nicht gekommen, Gerechte zu rufen, sondern Sünder.« Matthäus 9,13

»Wenn ihr aber erkannt hättet, was das heißt: ›Ich will Barmherzigkeit und nicht Schlachtopfer‹, so würdet ihr die Schuldlosen nicht verurteilt haben.«

Matthäus 12,7

Bei diesen Schriftstellen bezog sich Jesus auf Hosea 6,6, wo geschrieben steht:

»Denn an Barmherzigkeit habe ich Gefallen, nicht an Schlachtopfern, und an der Erkenntnis Gottes mehr als an Brandopfern.«

Gottes innigster Wunsch ist es, mit Seinem Volk in Barmherzigkeit zu verfahren, nicht im Gericht. Gericht wird kommen, wenn man sich die Barmherzigkeit Gottes nicht zunutze macht, aber *Gottes Barmherzigkeit währt von Ewigkeit zu Ewigkeit über denen, die ihn fürchten.* (Psalm 103,17)

Barmherzigkeit und Mitgefühl

Ein anderer Teil von Gottes Barmherzigkeit ist Sein Mitgefühl. Alle die vier Evangelien hindurch wird Jesus als jemand beschrieben, der von oder durch Mitgefühl bewegt wurde.

Webster definiert Mitgefühl als »ein Leiden mit anderen; Sympathie; Mitgefühl mit dem Leid oder Unglück eines anderen mit dem Wunsch zu helfen«.

Vines ›Expository Dictioniary‹ (Erläuterndes Wörterbuch) sagt, es bedeute »bis ins Innerste bewegt zu sein«. Mitgefühl fließt aus dem Innersten der Gefühle und ist ein starker und drängender Wunsch, jemandem in Not zu helfen.

Obwohl Mitgefühl eine überaus bewegende Kraft ist, ohne Barmherzigkeit nützt sie nichts. Mitgefühl befindet sich im Herzen; Barmherzigkeit ist die Offenbarung dessen, was im Herzen gefühlt wird. Mitgefühl *fühlt* die Not; Barmherzigkeit *begegnet* der Not. Wir wollen dies an einem Beispiel darstellen.

Angenommen, ein Freund braucht dringend 100 DM. Er kommt und bittet dich, sie ihm zu leihen. Dein Herz fühlt mit ihm, und du wünscht dir sehr, ihm zu helfen; aber zu diesem Zeitpunkt hast du gerade selbst kein Geld. Obwohl du Mitgefühl hast, kannst du keine Barmherzigkeit üben.

Als ich vor einigen Jahren Menschen sah, deren Körper verkrüppelt und voll von Krankheit waren, hatte ich in meinem Herzen Mitgefühl mit ihnen, aber ich war nicht in der Lage, ihnen zu helfen. Ich dachte daran, wie Satan sie beraubte und fühlte die Qual, die sie durchlitten. Innerlich schmerzte es mich und ich litt für sie. Obwohl ich Mitgefühl hatte, hatte ich nichts, was ich ihnen geben konnte.

Dank sei Gott, jetzt habe ich nicht nur das Mitgefühl, sondern ich habe ihnen etwas Greifbares zu geben: die heilende und wunderwirkende Kraft Gottes. Ich habe nicht nur Mitgefühl, sondern ich bin auch in der Lage, Barmherzigkeit zu üben. Ich habe die Gaben, um ihrer Not zu begegnen, und Mitgefühl zieht mich zu ihnen hin.

Beides, Barmherzigkeit und Mitgefühl, müssen wirksam werden, um der Not einer Person zu begegnen. Mitgefühl drängt uns zu demjenigen in Not; Barmherzigkeit begegnet der Not.

Hier ist ein biblisches Beispiel von Mitgefühl und Barmherzigkeit in Aktion im Dienst des HERRN Jesus:

»Und als sie von Jericho auszogen, folgte ihm eine große Volksmenge. Und siehe, zwei Blinde, die am Weg saßen und hörten, daß Jesus vorübergehe, schrien und sprachen: Erbarme dich unser, HERR, Sohn Davids! Die Volksmenge aber bedrohte sie, daß sie schweigen sollten. Sie aber schrien noch mehr und sprachen: Erbarme dich unser, HERR, Sohn Davids! Und Jesus blieb stehen und rief sie und sprach: Was wollt ihr, daß ich euch tun soll? Sie sagten zu Ihm: HERR, daß unsere Augen aufgetan werden. Jesus aber, *innerlich bewegt, rührte ihre Augen an;* **und sogleich wurden sie sehend, und sie folgten Ihm nach.«**
Matthäus 20,29–34

Diese beiden, die nach Barmherzigkeit schrien,

richteten sich an Jesus, als Sohn Davids. Das zeigt, daß sie Seine Autorität erkannten. Sie wußten, daß Jesus nicht nur die Mittel hatte, um ihrer Not zu begegnen, sondern ebenso die Autorität. (Du wirst mit Glauben nichts anfangen können, wenn du Autorität nicht verstehst.)

Als Jesus ihren Schrei hörte, stieg das Mitgefühl Gottes in Ihm auf und bestimmte Seine Handlungen. Er hielt an und befahl, sie zu Ihm zu bringen. Als Er dann ihre Augen berührte, wurden sie sofort sehend.

Diese Handlung war Barmherzigkeit in Aktion. Diese beiden Männer hatten Glauben, daß Gott sich durch Jesus ihrer erbarmen würde. Sie setzten ihren Glauben in Gottes Barmherzigkeit, und Jesus erwiderte an diesem Punkt auf ihren Glauben.

3

Glaube an Gottes Barmherzigkeit

Eine andere Person, die sich im Glauben an Gottes Barmherzigkeit zu Jesus ausstreckte, war die kanaanäische Frau. Wir lesen im Matthäus-Evangelium:

»Und Jesus ging von dort weg und zog sich in die Gegenden von Tyrus und Sidon zurück; und siehe, eine kanaanäische Frau, die aus jenem Gebiet herkam, schrie und sprach: Erbarme dich meiner, HERR, Sohn Davids! Meine Tochter ist schlimm besessen.

Er aber antwortete ihr nicht ein Wort. Und Seine Jünger traten herzu und baten Ihn und sprachen: Entlasse sie, denn sie schreit hinter uns her.

Er aber antwortete und sprach: Ich bin nur gesandt zu den verlorenen Schafen des Hauses Israel.

Sie aber kam und warf sich vor Ihm nieder und sprach: HERR, hilf mir!

Er antwortete und sprach: Es ist nicht recht, das Brot der Kinder zu nehmen und den Hunden hinzuwerfen.

Sie aber sprach: Ja, HERR, doch es essen ja auch die Hunde von den Krumen, die vom Tisch ihrer Herren fallen.

Da antwortete Jesus und sprach zu ihr: Oh, Frau, dein Glaube ist groß. Dir geschehe, wie du willst!

Und ihre Tochter war geheilt von jener Stunde an.«

Matthäus 15,21–28

Dieser Vorfall ereignete sich kurz nachdem Jesus und Seine Jünger eine Auseinandersetzung mit den

Schriftgelehrten und Pharisäern erlebt hatten. Sie fragten sich, wie es möglich war, daß Jesus Seinen Jüngern erlaubt hatte, die Tradition der Ältesten zu übertreten und mit ungewaschenen Händen zu essen. (Matthäus 15,2)

Die Waschung, auf die sie sich bezogen, geschah nicht aus hygienischen Gründen; es war eine zeremonielle Waschung. Gemäß der Tradition mußten sich die Juden, nachdem sie das Waschen aus Hygiene- gründen beendet hatten, über ein Wasserbecken stel- len und ihre Hände bis zu den Ellenbogen waschen. Dann mußten sie ihre Arme in die Luft halten und das Wasser an den Ellenbogen abtropfen lassen.

Jesus antwortete auf ihre Kritik, indem Er sie Heuchler nannte und sagte, **warum übertretet auch ihr das Gebot Gottes um eurer Überlieferung willen? ...und ihr habt so das Gebot Gottes ungültig ge- macht um eurer Überlieferung willen.** (Matthäus 15,3 und 6)

Diese religiösen Männer hatten von Gottes Barm- herzigkeit keine Ahnung. Für sie war Gott ein harter Zuchtmeister, der eine ganze Reihe von Regeln, Be- stimmungen und Traditionen aufgestellt hatte, die eingehalten werden mußten.

Nach dieser Auseinandersetzung gingen Jesus und Seine Jünger weg. In Markus 7,24 sehen wir, daß sie an die Küste gingen, um sich auszuruhen. Es heißt, daß sie in ein Haus einkehrten und nicht wollten, daß jemand davon erfuhr.

Eine heidnische Frau unterbrach diese Ruhepause. Für die Juden war sie eine Ausgestoßene, eine Ungläubige. Sie näherte sich Jesus und schrie: ›Hab Erbarmen mit mir, HERR!‹

Als sie keine Antwort von Ihm bekam, schrie so um so lauter.

Die Jünger dachten wahrscheinlich, ›wie kann sie es wagen, hierher zu kommen und solch einen Lärm zu machen! Wenn sie so weiter schreit, wird sie einiges Aufsehen erregen und unsere Ruhezeit ruinieren!‹

(Werde jetzt nur nicht religiös in deinem Denken. Diese Männer waren Menschen wie du und ich. Sie hatten sich Zeit genommen, um wegzugehen und auszuruhen. Sie wollten sich vergnügen und nicht beten!)

Die Situation verschlimmerte sich, als Jesus ihr nicht antwortete. Diese Frau schrie nach Barmherzigkeit, aber Jesus erwiderte nichts. Die Jünger baten Jesus sie wegzuschicken. In anderen Worten, sie meinten: »HERR, werde sie los, bevor sie zu viele Menschen anlockt. Wir möchten keinen Aufruhr. Wenn du nichts unternimmst, wird jeder in dieser Gegend wissen, daß du hier bist und jeder wird deine Hilfe wollen.« Sie waren so auf ihr Eigenes bedacht, daß sie ganz vergaßen, an die Nöte der anderen zu denken.

Als Jesus sprach, waren Seine Worte an Seine Jünger gerichtet. Er sagte: »Ich bin nur gesandt zu den verlorenen Schafen des Hauses Israel.«

Jesus ignorierte anscheinend die Not eines Einzelnen, indem Er sie als Heidin, und als eine unreine Person behandelte, die Seine Aufmerksamkeit und Zeit nicht wert war.

Die Frau mußte die Worte an die Jünger gehört

haben, aber sie blieb unerschrocken, entschlossen, die Ergebnisse zu erlangen, die sie sich wünschte. Jede Entmutigung ablehnend, kam sie zu Jesus und betete Ihn an. Zitierte sie Jesaja 53,3–5 oder Psalm 103,3 oder 2. Mose 15,26?

Nein! Sie schrie: »HERR, hilf mir!« Sie wußte nichts vom Wort Gottes. In ihrem Kopf war nur ein einziger Gedanke: *Ich brauche Hilfe, und Jesus kann mir helfen.*

Sie kam zu Jesus und bat um Barmherzigkeit.

Die Antwort, die sie von Ihm erhielt, paßt nicht in unser Bild von Jesus. Seine Worte scheinen hart, sogar grausam, als Er sagte: »Es ist nicht recht, das Brot der Kinder zu nehmen und den Hunden hinzuwerfen.«

Fügte Er zu der Kränkung noch eine Beleidigung hinzu? Zuerst weigerte Er sich, ihr zu antworten, dann nennt Er sie noch einen Hund.

Jesus beleidigte sie nicht, indem Er eine Aussage über ihre Stellung und ihren Selbstwert machte. Er stellte eine religiöse Tatsache fest. Als Heidin stand ihr rechtlich nicht zu, was für die Kinder von Israel bereitet war. Sie hatte kein Bundesrecht auf Heilung oder Erlösung. Der Auftrag Jesu war in erster Linie, die verlorenen Schafe vom Hause Israel zu erreichen.

Wenn wir Paulus' Worte an die Gemeinde in Ephesus lesen, können wir das noch deutlicher sehen.

»Deshalb denkt daran, daß ihr, einst aus den Nationen dem Fleisch nach ›Unbeschnittene‹ genannt von der sogenannten ›Beschneidung‹, die im Fleisch mit Händen geschieht –, zu jener Zeit *ohne Christus wart, ausgeschlossen vom Bürgerrecht Israels und Fremdlin-*

ge hinsichtlich der Bündnisse der Verheißung; und ihr hattet keine Hoffnung und wart ohne Gott in der Welt.«

Epheser 2,11–12

Jesus sagte dieser Frau, daß die Zeit für die Heiden noch nicht da war. Als Heidin war sie eine Fremde für das Volk Israel, dem alle Verheißungen gegeben worden waren, und als solche hatte sie keinen rechtlichen Anspruch auf Hilfe.

Ihre Antwort ist das beste Beispiel eines unerschrockenen Geistes. Sie sagte:

»Ja, HERR, doch es essen ja auch die Hunde von den Krumen, die vom Tisch ihrer Herren fallen.« Im Grunde genommen sagte sie: »Ja, es stimmt, daß ich ohne Christus bin. Es stimmt, daß ich nicht zum Volk Israel gehöre und eine Fremde für die Verheißungen des Bundes bin. Ich *bin* ohne Gott, aber **ich bin nicht ohne Hoffnung!** Sogar der Ungläubige hat ein Recht auf Barmherzigkeit. Ich will nicht das Brot der Kinder. Ich möchte nur Barmherzigkeit!«

Sie verstand eine Wahrheit, die der Prophet Joel geschrieben hat: **»Jeder, der den Namen des HERRN anruft, wird errettet werden.«** (Joel 3,5)

Jesus gab ihr mit Seiner Antwort eine Stellung, die zu der Zeit kein Jude hatte. Er sagte: *»O Frau, dein Glaube ist groß!«*

Großer Glaube

Nur bei zwei Personen erwähnte Jesus einen großen Glauben, und beide waren Heiden. Neben dieser kanaanäischen Frau war noch ein römischer Hauptmann. Wir lesen seine Geschichte in Matthäus, Kapitel 8:

»Als Er aber nach Kapernaum hineinkam, trat ein Hauptmann zu Ihm, der Ihn bat und sprach: ›HERR, mein Diener liegt zu Hause gelähmt und wird schrecklich gequält.‹ Und Jesus spricht zu ihm: ›Ich will kommen und ihn heilen.‹

Der Hauptmann aber antwortete und sprach: ›HERR, ich bin nicht würdig, daß du unter mein Dach trittst; sondern sprich nur ein Wort, und mein Diener wird gesund werden.« Matthäus 8,5–8

Dieser Mann versuchte nicht, demütig zu sein; er stellte eine religiöse Tatsache fest. Als Heide war er nicht würdig, daß ein Jude sein Haus betrat. Nach jüdischen Maßstäben war er ein Hund, wie die kanaanäische Frau. Er fuhr fort:

»Denn ich bin ein Mensch unter Befehlsgewalt und habe Soldaten unter mir; und sage ich zu diesem: ›Geh hin!‹ und er geht; und zu einem anderen: ›Komm!‹ und er kommt; und zu meinem Knecht: ›Tu dies!‹ und er tut's. Als aber Jesus es hörte, wunderte Er sich und sprach zu denen, die ihm nachfolgten: ›Wahrlich, ich sage euch, selbst in Israel habe ich nicht so großen Glauben gefunden.‹

Und Jesus sprach zu dem Hauptmann: ›Geh hin, und dir geschehe, wie du geglaubt hast.‹ Und der Diener wurde gesund in jener Stunde.« Matthäus 8,9/10/13

Glauben für andere Menschen einsetzen

Jeder dieser beiden Heiden kam zum HERRN, schrie zu Ihm, empfing von Ihm, und beiden wurde großer Glaube zugesprochen.

Die kanaanäische Frau war eine Ausgestoßene, aber ihr Glaube an Gottes Barmherzigkeit hob sie über die religiösen Traditionen jener Tage hinweg. Der römische Hauptmann, die Autorität erkennend, setzte seinen Glauben in die Autorität, in der Jesus wandelte.

Worin unterschieden sich diese beiden Menschen so sehr von den anderen, die sich zu Jesus ausstreckten? Beide sorgten sich wegen der Not eines anderen Menschen. Die kanaanäische Frau suchte Erlösung für ihre Tochter; der römische Hauptmann suchte Heilung für seinen Diener.

Großer Glaube ist nicht, in deinem Herzen zu glauben, und mit deinem Mund zu bekennen. (Das ist der Glaube Gottes. Lies Markus 11,23.)

Großer Glaube ist nicht, daß deinen persönlichen Nöten geholfen wird.

Großer Glaube ist, deinen Glauben zugunsten einer anderen Person zu beanspruchen – deinen Glauben dafür einzusetzen, den Nöten eines anderen zu helfen.

Denke an die Barmherzigkeit

Manche haben die ›Glaubensbotschaft‹ angenommen, aber eine harte Einstellung entwickelt, besonders in bezug auf Heilung. Für sie heißt es: Glaube Gott oder stirb!

Unglücklicherweise wird die Glaubensbotschaft oft so dargestellt. Es ist wahr, daß es ohne Glauben unmöglich ist, Gott zu gefallen, und daß der Gerechte aus Glauben leben wird. Aber wir dürfen nicht wie die Parisäer werden. Wir müssen die Barmherzigkeit im Auge behalten.

Wie oft sind wir in unserem Glaubenswandel so religiös geworden, daß wir vergessen haben, Barmherzigkeit zu zeigen? Wie oft haben wir uns und andere von der Barmherzigkeit Gottes abgeschnitten?

Gott hat uns das Maß des Glaubens gegeben, aber das gibt uns nicht das Recht, auf die herabzuschauen, die vielleicht schwach im Glauben sind. Römer 14,1 sagt:

»Den Schwachen im Glauben nehmt auf, doch nicht zur Entscheidung zweifelhafter Fragen.«

Wenn eine Person schwach im Glauben ist, sollen wir sie aufnehmen, ohne seine zweifelnden Gedanken zu richten.

Wie oft haben wir uns von Leuten abgewendet, weil sie nicht unseren ›Glaubensvorstellungen‹ entsprochen haben? Wie oft haben wir auf unsere Brüder und Schwestern im HERRN herabgeblickt und mit einem kleinen Hauch von Überlegenheit in unserer

Stimme gesagt: »Sie haben nicht empfangen, weil sie nicht genug Glauben hatten.«

John G. Lake hörte zufällig, wie einer seiner Helfer jemanden aus einem Heilungsgottesdienst wegschickte. Der Helfer fragte die Person, ob sie Glauben hätte, geheilt zu werden. Als die Person antwortete, daß sie das nicht hätte, sagte der Helfer, daß sie dann nicht in der Lage wäre, Heilung zu empfangen, weil sie keinen Glauben hätte. Als Dr. Lake diese Unterhaltung hörte, weis er seinen Helfer zurecht und wies ihn an, nie wieder eine Person aus Mangel an Glauben wegzuschicken. Nach Dr. Lake's Ansicht konnten sie jemanden durch ihren eigenen Glauben heilen, und ihn danach Glauben lehren.

Das ist eine Einstellung, die alle Christen entwickeln sollten. Denke stets daran, daß es Gottes Wille ist, den Nöten der Menschen zu begegnen. Ob es durch unseren Glauben, ihren Glauben, die Geistesgaben oder durch Seine Barmherzigkeit ist, Gott wird die Menschen dort erreichen, wo sie stehen.

Laßt uns die Barmherzigkeit nie vergessen. Wir haben die geistlichen Waffen zu unserer Verfügung, um den Feind in Schach zu halten. Aber sollte unser Glaube einmal schwach erscheinen, können wir Gott um Barmherzigkeit anrufen. Seine Barmherzigkeit hilft uns in ›Glaubenspausen‹. Wir erkennen dann, daß Gott in Seiner Barmherzigkeit unserer Not begegnet, selbst wenn wir am Ziel vorbeischießen.

Gottes Barmherzigkeit war schon *vor* unserem Glauben da und wird über unseren Glauben *hinausgehen*.

4

Davids Schrei nach Barmherzigkeit

David verstand die Barmherzigkeit Gottes. In einer verzweifelten Zeit in seinem eigenen Leben schrie er nach Barmherzigkeit und sie wurde ihm gewährt.

Im 2. Buch Samuel, Kapitel 11 und 12, sehen wir Davids Gesetzesübertretung, als er mit Batseba Ehebruch beging. Als sie schwanger wurde, beging David noch weitere Sünden, indem er Befehl gab, ihren Ehemann Uria, einen treuen Soldaten, im Kampf zu töten. Das war vorsätzlicher Mord.

Als Uria tot und Batsebas Trauerzeit vorüber war, wurde sie Davids Frau und gebar ihm einen Sohn. **»In den Augen des HERRN aber war die Sache böse, die David getan hatte.«** (2. Samuel 11,27)

Unter dem Alten Bund gab es zwei grundlegende Arten von Ungehorsam: Sünde und Übertretung.

Sünde bedeutet, das Ziel zu verfehlen, so wie ein Bogenschütze am Ziel vorbeischießt. Weil die Person versucht hatte, das Richtige zu tun, aber versagt hatte, war es möglich, ein Opfer für die Sünde zu bringen, um die Gemeinschaft mit dem HERRN wiederherzustellen.

Übertretung war eine andere Sache. Das hebräische Wort für Übertretung bedeutet Aufstand, Rebellion oder Abtrünnigkeit. Obwohl eine Person den Weg des HERRN für sich kennt, dreht sie diesem bewußt den Rücken zu und geht ihren eigenen Weg. Unter dem Gesetz war ein Opfer oder Vergebung für einen Übertreter nicht möglich. Er mußte getötet werden. Der Übertreter war schlimmer als ein Ungläubiger und er war verdammt in alle Ewigkeit. In diese Lage hatte sich David selbst gebracht.

Der Prophet Nathan kam zu David und konfrontierte ihn mit einem Gleichnis:

»Zwei Männer waren in einer Stadt, der eine war reich und der andere arm. Der Reiche hatte Schafe und Rinder in großer Menge. Der Arme hatte aber nichts als nur ein einziges kleines Lamm, das er gekauft hatte. Und er ernährte es und es wurde groß bei ihm, gleichzeitig mit seinen Kindern. Von seinem Bissen aß es, aus seinem Becher trank es, und in seinem Schoß schlief es. Es war ihm wie eine Tochter. Da kam ein Besucher zu dem reichen Mann; dem aber tat es leid, ein Tier von seinen Schafen und von seinen Rindern zu nehmen, um es für den Wanderer zuzurichten, der zu ihm gekommen war. Da nahm er das Lamm des armen Mannes und richtete es für den Mann zu, der zu ihm gekommen war.«

2. Samuel 12,1–4

David reagierte auf dieses Gleichnis zornig und sagte zu Nathan: *»So wahr der Herr lebt, der Mann, der das getan hat, ist ein Kind des Todes.«* (V. 5)

Nathan antwortete: **Du bist der Mann.** (V. 7) David bekannte seine Sünde und schrie dann zu Gott um Barmherzigkeit. Sein Flehen ist im Psalm 51 wiedergegeben:

»Sei mir gnädig, o Gott, nach deiner Gnade; tilge meine Vergehen nach der Größe deiner Barmherzigkeit!

Wasche mich völlig von meiner Schuld und reinige mich von meiner Sünde!

Denn ich erkenne meine Vergehen, und meine Sünde ist stets vor mir.

Gegen dich, gegen dich allein habe ich gesündigt und getan, was böse ist in deinen Augen; damit du im Recht bist mit deinem Reden, rein erfunden in deinem Richten.« (Vers 3–6)

Von solch einer Bitte hatte man in Israel noch nicht gehört. Jeder wußte, daß es für eine Übertretung unter dem Gesetz keine Vergebung gab. Aber David versuchte sich Gott nicht aufgrund des Gesetzes zu nähern; er schrie nach Barmherzigkeit.

Beachte Davids Einstellung. Er erkannte seine Übertretung und schrie sofort zum HERRN um Vergebung gemäß Seiner Barmherzigkeit. Er wollte, daß Gott mehr tat als seine Übertretung zu überdecken. Er wollte, daß Gott, nach der Größe Seiner Barmherzigkeit, seine Übertretung auslöschte. Er sagte:

»Entsündige mich mit Ysop, und ich werde rein sein; wasche mich, und ich werde weißer sein als Schnee.

Verbirg Dein Angesicht vor meinen Sünden, und tilge alle meine Schuld!

Erschaffe mir, Gott, ein reines Herz, und erneuere in mir einen festen Geist!

Verwirf mich nicht von deinem Angesicht, und den Geist deiner Heiligkeit nimm nicht von mir!

Laß mir wiederkehren die Freude deines Heils, und stütze mich mit einem willigen Geist!«   Psalm 51,9–14

All die Dinge, um die David gebetet hatte, wurden in Christus erfüllt.

Lesen wir Kolosser 2,13,15:

»Und als ihr tot wart in den Vergehungen und in der Unbeschnittenheit eures Fleisches, hat Er euch mitlebendig gemacht mit Ihm, indem Er uns alle Vergehungen vergeben hat; als Er die uns entgegenstehende Handschrift in Satzungen, die gegen uns war, ausgetilgt, hat Er sie auch aus der Mitte weggenommen, indem Er sie ans Kreuz nagelte; als Er die Gewalten und die Mächte völlig entwaffnet hatte, stellte Er sie öffentlich bloß. In Ihm hielt Er über sie einen Triumph.«

David streckte sich im Glauben an Gottes Barmherzigkeit nach dem aus, was durch das Blut Jesu kommen sollte. Er ging sogar noch weiter, als Er sagte:

»Denn du hast keine Lust am Schlachtopfer, sonst gäbe ich es;

Brandopfer gefällt dir nicht.

Die Opfer Gottes sind ein zerbrochener Geist; ein zerbrochenes und zerschlagenes Herz wirst du, Gott, nicht verachten.«   Psalm 51,18–19

David hatte erkannt, daß das Gesetz nur eine Richtlinie war, um den Menschen zu zeigen, wie sie leben sollten. Und er hatte erkannt, daß es Gottes Wunsch war, mit Seinem Volk in Barmherzigkeit zu verfahren.

Gottes Barmherzigkeit war am Werk, als der Prophet Nathan zu David sagte:

»So hat auch der HERR deine Sünde hinweggetan, du wirst nicht sterben.«   (2. Samuel 12,13)

Die Übertretung Davids wurde vergeben, weil er sofort Buße tat und Gottes Barmherzigkeit anrief.

Davids Leben beweist eindeutig, daß Gottes Barmherzigkeit ewig währt.

5

Gottes Barmherzigkeit währt ewig

Gottes Wunsch war es, immer mit Seinem Volk in Güte und Barmherzigkeit zu verfahren. Psalm 136 zeigt, wie ewig Gottes Barmherzigkeit ist. Immer wieder erinnert er uns an diese eine Tatsache: **Gottes Barmherzigkeit währt ewig.**

Betrachten wir den ganzen Psalm.

»Preist den Herrn, den Er ist gütig.
Denn Seine Gnade (englisch: Barmherzigkeit) währt ewig!
Preist den Gott der Götter, denn Seine Gnade währt ewig!
Preist den Herrn der Herren!
Denn Seine Gnade währt ewig!
Den, der große Wunder tut, Er allein.
Denn Seine Gnade währt ewig!
Den, der die Himmel gemacht hat mit Einsicht.
Denn Seine Gnade währt ewig!
Den, der die Erde ausgebreitet hat über den Wassern.
Denn Seine Gnade währt ewig!
Den, der große Lichter gemacht hat.
Denn Seine Gnade währt ewig!
Die Sonne zur Herrschaft am Tage –
denn Seine Gnade währt ewig!
Den Mond und die Sterne zur Herrschaft in der Nacht.
Denn Seine Gnade währt ewig!

Den, der Ägypten schlug an Seinen Erstgeborenen.
Denn Seine Gnade währt ewig!
Der Israel herausführte aus ihrer Mitte –
denn Seine Gnade währt ewig!
Mit starker Hand und mit ausgestrecktem Arm.
Denn seine Gnade währt ewig!
Den, der das Schilfmeer in zwei Teile zerteilte.
Denn Seine Gnade währt ewig!
Und Israel mitten hindurchführte.
Denn Seine Gnade währt ewig!
Und den Pharao und sein Heer ins Schilfmeer
abschüttelte.
Denn Seine Gnade währt ewig!
Den, der Sein Volk durch die Wüste führte.
Denn Seine Gnade währt ewig!
Den, der große Könige schlug.
Denn Seine Gnade währt ewig!
Und mächtige Könige tötete.
Denn Seine Gnade währt ewig!
Sihon, den König der Amoriter,
denn Seine Gnade währt ewig!
Und Og, den König von Basan,
denn Seine Gnade währt ewig!
Und ihr Land zum Erbe gab,
denn Seine Gnade währt ewig!
Zum Erbe Israel, Seinem Knecht.
Denn seine Gnade währt ewig.
Der unser gedachte in unserer Niedrigkeit,
denn Seine Gnade währt ewig!
Und uns unseren Bedrängern entriß.
Denn Seine Gnade währt ewig!

Der Nahrung gibt allem Fleisch.
Denn Seine Gnade währt ewig!
Preist den Gott der Himmel!
Denn Seine Gnade währt ewig!«

In der englischen Übersetzung werden die beiden Teile eines Verses jeweils mit einem Doppelpunkt getrennt. Ein Doppelpunkt verbindet zwei Gedanken, um etwas Bestimmtes hervorzuheben. Jeder Gedanke ist unabhängig und kann auch allein stehen; aber um der Betonung willen sind sie verbunden. Diese beiden Gedanken sind zu einem bestimmten Zweck verbunden: um einen Kontrast herauszustellen.

Durch die Inspiration des Heiligen Geistes hebt der Psalmist David bestimmte Ereignisse heraus: den Tod der Erstgeborenen in Ägypten, die Erschaffung der Himmel und der Erde, die Teilung des Roten Meeres, den Tod großer Könige und Israels Erbe von Ländern.

Im Gegensatz zu diesen einmaligen Handlungen währt Gottes Barmherzigkeit ewig. Die Botschaft von Psalm 136 ist einfach: Gottes Barmherzigkeit ist ewig und man kann sich auch dann noch auf sie verlassen, wenn alles andere versagt hat.

6

Barmherzigkeit – vor dem Glauben und über den Glauben hinaus

Barmherzigkeit ist eine Gabe, die schon lange vor deinem Glauben existierte. Es war Gottes Barmherzigkeit, die dich annahm, als du noch ein Sünder warst. Bevor du Glauben hattest, um errettet zu werden, hatte Gott Erbarmen mit dir.

Dank sei Gott für Glaube. Dank sei Gott dafür, daß er jedem Gläubigen das Maß des Glaubens gegeben hat. Dank sei Gott dafür, daß Er uns Seinen kostbaren Heiligen Geist gegeben hat, um diesen Glauben zu nähren, bis er in uns wächst und heranreift. Aber ohne Barmherzigkeit wären wir nie in der Lage gewesen, dieses Maß des Glaubens zu empfangen.

Barmherzigkeit, die lange *vor* deinem Glauben existiert hat, wird auch weit über deinen Glauben *hinaus* existieren. Sie wird wirksam sein, wenn dein Glaube bis zu seinen äußersten Grenzen beansprucht worden ist. Gottes Barmherzigkeit ist ewig. Sie endet niemals. Die Barmherzigkeit Gottes währt ewig!

Wenn du deinen Glauben in die Barmherzigkeit Gottes setzt, wirst du die Fülle Seiner Segnungen genießen.

Barmherzigkeit – ein Vorbild

Die Barmherzigkeit Gottes ist ein Vorbild, das beständig durch das ganze Wort Gottes hindurch zu finden ist. Gott verfuhr mit Seinem Volk immer in Barmherzigkeit.

Die Barmherzigkeit Gottes kann verschiedene Formen annehmen.

In Psalm 145,8–10 lesen wir:

»Gnädig und barmherzig ist der HERR, langsam zum Zorn und groß an Gnade.

Der HERR ist gut gegen alle, Sein Erbarmen ist über alle Seine Werke.

Es werden dich loben, HERR, alle deine Werke und deine Frommen dich preisen.«

Diese Schriftstelle sagt uns, daß Gottes Barmherzigkeit groß ist, daß Er zu allen gut ist und daß Sein Erbarmen über allen Seinen Werken ist. Das bedeutet, daß der stärkste Beweggrund Seines Wesens Barmherzigkeit ist. Barmherzigkeit ist der Höhepunkt und der Gipfel der Beweggründe Gottes. Alles, was Gott ist, wird in Seiner Barmherzigkeit sichtbar.

In Epheser 2,4–5 lesen wir:

»Gott aber, der reich ist an Barmherzigkeit, hat um Seiner vielen Liebe willen, womit Er uns geliebt hat, auch uns, die wir in den Vergehungen tot waren, mit dem Christus lebendig gemacht – durch Gnade seid ihr errettet!«

Gott ist reich an Barmherzigkeit. Das bedeutet, daß Er einen reichlichen Vorrat hat, der nie zu Ende geht. Seine Barmherzigkeit ist jeden Morgen neu.

»Ja, die Gnadenerweise des HERRN sind nicht zu Ende, ja, Sein Erbarmen hört nicht auf, es ist jeden Morgen neu. Groß ist deine Treue.«

Klagelieder 3,22–23

Gott verfährt mit uns nach dem Muster der Barmherzigkeit, also sollten wir das ebenfalls mit anderen tun.

»Aber darum ist mir Barmherzigkeit zuteil geworden, **damit Jesus Christus an mir als dem ersten die ganze Langmut beweise,** *zum Vorbild für die, welche an Ihn glauben werden zum ewigen Leben.«*

1. Timotheus 1,16

Wenn du nur die unterstrichenen Teile des obigen Bibelverses liest, wirst du feststellen, daß der Apostel Paulus sagt, daß ihm Barmherzigkeit zuteil geworden ist zum Vorbild für diejenigen, die noch zum HERRN kommen sollen.

Er drückt damit aus, daß, wenn Gott mit ihm Erbarmen hatte, es kein Problem für Gott ist, mit jedem anderen Erbarmen zu haben.

Die »Erweiterte Übersetzung«* wirft mehr Licht auf Epheser 2,4. Es heißt: »Aber Gott! So reich an Barmherzigkeit ist Er! Wegen und zur Erfüllung Seiner großen und wunderbaren und intensiven Liebe, mit der er uns geliebt hat...«

Wenn wir erkannt haben, daß Gott reich an Barmherzigkeit ist und daß Seine Barmherzigkeit zu unserem Nutzen ist, können wir kühn in jede Situation hineingehen und wissen, daß wir siegreich sein werden. Gottes Barmherzigkeit wird jeden Mangel ausgleichen, den wir vielleicht haben. **Darum, da wir**

diesen Dienst haben, weil wir ja begnadigt worden sind, ermatten wir nicht... (2. Kor. 4,1). In anderen Worten: unser Verständnis von Barmherzigkeit wird uns befähigen, zu stehen und nicht aufzugeben.

Dies gibt uns zu verstehen, daß wir an anderen Barmherzigkeit üben sollen, weil auch Gott an uns Barmherzigkeit übt.

Gott, unser Vater, der Höchste Gott, ist reich an Barmherzigkeit wegen seines brennenden Verlangens zu lieben und der Erfüllung dieses Verlangens. Er besitzt eine verzehrende Liebe, die in vielen Schriftstellen als Mitgefühl bezeichnet wird. Er möchte sich zur Welt ausstrecken und ihr Seine Barmherzigkeit zeigen.

»Glückselig die Barmherzigen, denn ihnen wird Barmherzigkeit widerfahren.«

Matthäus 5,7

Erinnere dich, Barmherzigkeit ist der sichtbare Ausdruck von Gottes Mitgefühl.

In Epheser 5 wird uns gesagt, daß wir Nachahmer Gottes sein sollen. Gott wirkt in Barmherzigkeit. Er ist überströmend in Barmherzigkeit.

»Denn du, HERR, bist gut und zum Vergeben bereit, groß an Gnade gegen alle, die dich anrufen.«

Psalm 86,5

Als Nachahmer Gottes haben wir die Pflicht, barmherzig zu sein, selbst zu denen, die aus eigenem Verschulden Probleme haben.

---

* The Amplified Bible: New Testament (La Habra, California: The Lockman Foundation, 1954, 1958)

Ein gutes Beispiel ist Römer 14,1: **»Den Schwachen im Glauben nehmt auf, doch nicht zur Entscheidung zweifelhafter Fragen.«** Die andere Bedeutung davon ist: »...ohne seine zweifelnden Gedanken zu richten.« Das ist Barmherzigkeit in Aktion.

Gott ist voller Barmherzigkeit, und wir sind es ebenfalls. Es ist unbedingt erforderlich, daß wir Zeugen Seiner Barmherzigkeit für die Welt werden. Wenn die Welt Gottes Barmherzigkeit aus uns fließen sieht, werden sie wissen, daß Gott lebt und bereit ist, ihnen die Vergebung zu gewähren, die sie benötigen.

Barmherzigkeit und Güte

Durch Barmherzigkeit kann Gott Seinem Volk Seine Liebe und Seine Güte zeigen. Noch einmal zitieren wir Epheser, Kapitel 2:

»...auch uns, die wir in den Vergehungen tot waren, mit dem Christus lebendig gemacht...

Er hat uns mitauferweckt und mitsitzen lassen in der Himmelswelt in Christus Jesus, damit Er in den kommenden Zeitaltern den überschwenglichen Reichtum Seiner Gnade in Güte an uns erweise in Christus Jesus.«
(Vers 5–7)

Während wir noch in Sünde wandelten, hat Gott uns zu sich zurückgeführt durch Christus. Wir haben einen Platz im Himmel auf der gleichen geistlichen Ebene wie Jesus. Warum? Wegen Seiner Liebe. Er möchte den überschwenglichen Reichtum Seiner Gnade in Güte an uns erweisen.

Ein Teil der Natur Gottes ist Güte. Jesaja 54,8 sagt: **».. . aber mit ewiger Gnade (englisch: Güte) werde ich mich über dich erbarmen, spricht der HERR, dein Erlöser.«**

Gottes Güte ist, wie Seine Barmherzigkeit, ewig. Sie sind miteinander verbunden. Er wird nie aufhören, gütig zu sein; er wird nie aufhören, barmherzig zu sein. Erinnere dich an eine Definition von Barmherzigkeit: ›Güte, die über das hinausgeht, was gerechterweise erwartet oder verlangt werden kann.‹

Als Gottes Volk müssen wir Seiner Barmherzigkeit und Güte erlauben, durch uns zu anderen zu fließen. So sollten wir leben. Wir sollten freundlich zueinander sein, weichherzig, einander vergebend, immer barmherzig und gütig zueinander.

In den vergangenen Jahren ist so viel über das Bekenntnis unseres Mundes gelehrt worden – daß wir aufpassen müssen, was wir reden und die richtigen Worte sprechen müssen. Aber genauso sorgfältig wie wir über unser Bekenntnis wachen, sollten wir auch über unsere Taten anderen gegenüber wachen. Wir sollen im Glauben leben, aber Barmherzigkeit geht über Glauben hinaus. Sie geht, ohne mißgünstig eingestellt zu sein, auch die zweite Meilie und hält die andere Wange hin.

Jesus diente mit jeder Seiner Taten in der Gnade, Barmherzigkeit und Güte Gottes. Als Christen sind wir mit Christus vereint. Wir sind Verlängerungen Seines Mitgefühls und Seiner Barmherzigkeit – Teilhaber Seiner Liebe und Seiner Güte. All das, was Er ist, ist in uns gelegt worden. Deshalb müssen wir erlauben, daß es durch uns in die Welt fließt.

7

Mit Freimut hinzutreten und empfangen

»Denn wir haben nicht einen Hohenpriester, der nicht Mitleid haben könnte mit unseren Schwachheiten, sondern der in allem in gleicher Weise wie wir versucht worden ist, doch ohne Sünde. Laßt uns nun mit Freimütigkeit hinzutreten zum Thron der Gnade, damit wir Barmherzigkeit empfangen und Gnade finden zur rechtzeitigen Hilfe.«

Heb. 4,15+16

Jesus Christus, unser Hoherpriester, hat Mitleid mit unseren Schwachheiten. Er weiß, wie es ist, versucht zu werden; er hat es erfahren.

Er kennt unseren Mangel und unsere Nöte, deshalb hat Er eine Einladung an uns gerichtet: Tritt mit Freimütigkeit hinzu zum Thron der Gnade, damit du Barmherzigkeit empfängst und Gnade findest zur rechtzeitigen Hilfe.

Eine Schriftstelle, die sehr gut zu dieser Passage paßt, ist Psalm 25,10. Es heißt:

»Alle Pfade des HERRN sind Gnade (englisch: Barmherzigkeit) und Treue denen, die Seinen Bund und Seine Zeugnisse bewahren.«

Alle Pfade des HERRN sind Barmherzigkeit. Gott ist Barmherzigkeit, und Seine Barmherzigkeit währt ewig. Sie ist unendlich, grenzenlos, unerschöpflich und immer gegenwärtig für Sein Volk.

Als ein Kind des Allmächtigen Gottes kannst du zu jeder Zeit mit Freimütigkeit vor Ihn kommen und

Barmherzigkeit empfangen, damit deiner Not begegnet wird. Ruhe dich in dieser Gewißheit aus.

Zusammenfassung

Unsere Absicht mit diesem Buch war, einen größeren Einblick in Gottes Barmherzigkeit zu geben, wie sie im Wort zu sehen ist. Barmherzigkeit ist ein lebendiges Element unseres Glaubenswandels. Als Eigenschaft Gottes sollte sie auch eine Eigenschaft von jedem Gläubigen sein.

Wenn Barmherzigkeit in dir wirksam wird, dann wirst du jeden notwendigen Schritt in Übereinstimmung mit Gottes Wort unternehmen, um der Not eines anderen auszuhelfen.

Gottes Barmherzigkeit war bereits wirksam, bevor du deine Erlösung empfangen hast und sie wird durch die Zeitalter hindurch wirksam sein. Sie wird dich auch dazu befähigen, über deinen Glauben hinaus den Nöten anderer zu begegnen. Sie wird deinen Glauben stützen und ihm ein Element des Vertrauens hinzufügen: du kannst sicher sein, daß, wenn dein Glaube erschöpft ist, die Barmherzigkeit immer noch da ist. Sie ist **die Gabe vor dem Glauben und über den Glauben hinaus!**